NOS ENNEMIS

PARIS

IMPRIMERIE L. TINTERLIN ET C°

Rue Neuve-des-Bons-Enfants, 3.

NOS
ENNEMIS

PAR

MAURICE TRÉILLARD

ANCIEN RÉDACTEUR DE LA RÉFORME

PARIS

E. DENTU, LIBRAIRE-ÉDITEUR

PALAIS-ROYAL, 13 ET 17, GALERIE D'ORLÉANS

1861

NOS ENNEMIS

⸺⸺ ❦ ⸺⸺

I

La révolution italienne a été la conséquence d'un entraînement tellement irrésistible, que les esprits les plus dévoués à l'indépendance de cette noble contrée semblent n'avoir point pesé avec une rigoureuse exactitude les périls qui les environnent.

Une telle négligence est inexplicable chez quelques-uns ; chez d'autres elle doit être sévèrement condamnée.

En effet, s'il est permis aux acteurs du drame de ne point connaître, à chaque scène qui se déroule, les impressions qu'ils excitent dans l'âme des spectateurs intéressés, prévenus ou malveillants, les amis d'une grande cause, agitée ou développée sous leurs regards, doivent conserver un esprit assez froid pour juger sainement des sentiments suscités dans la foule extérieure. Ils n'y parviendront qu'en faisant violence à leurs propres impulsions, qu'en repoussant leurs aspirations les plus chères ; car il est si doux de se laisser bercer à des rêves de liberté, il est si naturel de prendre ses illusions pour des réalités.

Mais dans cette question les erreurs d'appréciation appelleraient de si tristes conséquences, qu'il y a nécessité de concentrer toutes ses facultés d'observation, de secouer loin de soi les déceptions énervantes ; le devoir démocratique veut que la vérité soit dite au patriotisme italien.

La première étape vers l'unité italienne s'est faite sous le patronage de la France ; la Lombardie arrachée à l'Autriche et transférée par l'Empereur au roi Victor-Emmanuel, constitue la première des annexions qui ont formé le royaume d'Italie : cette annexion, consommée diplomatiquement et revêtue des formalités consacrées par les chancelleries, diffère essentiellement de celles qui l'ont suivie ; elle procède du droit international admis par les cabinets de l'Europe ; celles-là, au contraire, émanent d'un droit nouveau, de la souveraineté des peuples, que la plupart des gouvernements repoussent comme principe, et qu'ils n'admettent comme un fait qu'après qu'il a conquis sa place par la force et par la victoire.

Le gouvernement de l'empereur Napoléon III n'est donc enchaîné par aucun lien régulier à l'existence du nouveau royaume d'Italie : nous croyons, du reste, qu'une pareille prétention n'a jamais été sérieusement mise en avant.

Mais de ce que les triomphes de l'armée française ont suffisamment amoindri l'influence autrichienne dans la Péninsule pour permettre aux populations des États particuliers de revendiquer à la fois et leur liberté et l'unité de la patrie commune, on a voulu conclure que la France avait contracté une espèce d'engagement moral de reconnaître et de soutenir une nationalité surgie à l'ombre de son drapeau et arrosée du sang de ses soldats.

Certes personne plus que nous ne souhaiterait que cette prétention devînt une vérité ; mais plus nous scrutons les faits, les dépêches diplomatiques venues à notre connaissance, les déclarations ministérielles, les discours politiques, les allures et la polémique de la presse gouvernementale, plus nous redoutons pour l'unité italienne la confiance entretenue en des sympathies chimériques.

Les diverses opinions qui régnent en France ont subi d'étranges modifications depuis la paix de Villafranca : en 1859 la guerre rapidement résolue, activement conduite et terminée était populaire, parce que l'instinct des masses voyait dans l'Autriche le plus détesté des envahisseurs de 1814, la personnification impitoyable de l'absolutisme. Mais la France a pris sa revanche de Hanau et de Leipzik, elle a retrouvé sa frontière des Alpes, et les ennemis de la liberté italienne ont beau jeu maintenant pour prêcher la paix, le respect des traités et la restauration du pouvoir temporel du Saint-Siége.

Ils ont été assez habiles pour insinuer et faire accroire que la constitution du royaume d'Italie étant un fait révolutionnaire, tout acte tendant au maintien ou au développement de ce fait rouvrira l'ère des secousses et des calamités sociales ; ils ont si bien fait, grâce à la propagande, à l'influence, aux richesses dont ils disposent, qu'en France, sur la terre classique des généreuses sympathies, ils ont brisé l'élan national et détourné les instincts enthousiastes qui avaient salué l'aurore de la régénération italienne.

En d'autres temps une noble agitation du peuple français applaudissait aux efforts des nations qui revendiquaient leur indépendance.

Sous le règne de Charles X l'opinion publique entraînait le gouvernement à protéger de ses armes l'insurrection de la Grèce et à reconstituer une nationalité étouffée pendant des siècles sous le joug des conquérants musulmans.

En 1831, lorsque la Pologne succombait sous l'étreinte du Czar, un cri de douleur sortait des poitrines, et le ministre Sébastiani était le seul qui ne sût pas respecter les funérailles d'une illustre nation.

Aujourd'hui, si les Italiens se fiaient à de tels exemples, s'ils espéraient retrouver à l'heure du danger leurs compagnons des champs de bataille de la Crimée et de la Lombardie, ils se prépareraient des déceptions et des désastres. Sans le vouloir, et par des nécessités géographiques, qui sont la loi impérieuse de leur existence, ils se sont heurtés à des inimitiés qui ne pardonnent jamais.

C'est pourquoi les vrais amis de l'Italie sont loin d'être aussi nombreux qu'on le suppose ; car, du nombre des voix qui s'élèvent en faveur de cette cause, il faut retrancher celles qui veulent seulement la liberté d'États isolés et impuissants, celles qui prétendent comprimer la légitime expansion du mouvement libérateur et le circonscrire dans des limites arbitraires, toutes celles enfin qui nient la nécessité de l'unification entière : car, si l'Italie n'est pas une, si elle n'est pas entière, il ne lui sera ni permis ni possible de conserver son indépendance et sa liberté.

II

Les gouvernements des grandes nations européennes se sont attribués une telle suprématie sur les États d'un rang inférieur, qu'en fait, sinon en droit, il est interdit à ces derniers de s'unir, de se fondre plusieurs ensemble, de faire même subir à leur constitution intérieure les révolutions qui leur semblent légitimes. Le maintien de la paix a servi de prétexte à cette coalition des puissances militaires ; mais le but réel était d'assurer partout la compression des idées opposées à la durée du despotisme.

Or, depuis 1815, époque de laquelle date l'application de ce régime à l'Europe, on conviendra que, sauf de rares exceptions, les cabinets coalisés ont rudement procédé à leur mission. Les Italiens ont appris ce qu'il leur en a coûté pour avoir tenté si souvent de repousser la main de fer étendue sur leur patrie.

Mais les annales de leurs martyrs leur ont enseigné que les mouvements partiels conduisaient fatalement leurs auteurs à l'exil, au Spielberg ou à l'échafaud. Las de s'user en insurrections avortées, ils ont demandé à l'union des forces protectrices qui leur avaient constamment fait défaut dans l'isolement.

Or, c'est précisément à l'heure où l'Italie renonce aux rivalités locales qui ont perpétué ses douleurs, que les docteurs de la diplomatie et du despotisme changent de langage, proclament que le morcellement est la loi providentielle de l'Italie, et lui interdisent jusqu'à la faculté de constituer un peuple.

Les catholiques lui ferment les portes de Rome ; des gouvernements qui se disent ses amis, lui enjoignent de renoncer à Venise et de vivre sous la menace perpétuelle des canons autrichiens braqués sur les remparts des places fortes italiennes. Du haut de ses citadelles l'étranger attend l'heure propice pour reconquérir ce qu'il a perdu, restaurer les souverains dépossédés, et faire une ample moisson de patriotes pour ses geôliers et ses conseils de guerre : n'importe : les ministres d'un peuple libre, les ministres anglais ne veulent pas que le gouvernement de l'Autriche soit troublé dans son œuvre : lord Palmerston veille avec une sollicitude paternelle à ce que l'empereur François Joseph II n'ait point à se débattre à la fois et contre

la nationalité italienne et contre la nationalité hongroise.
Quand celle-ci aura succombé, soit par les divisions habile-
ment semées et entretenues entre les classes et les groupes divers de la population, soit par l'emploi de la force, l'action du
cabinet de Vienne sera libre et entière, et il pourra s'occuper
exclusivement de l'Italie ; jusque là le ministre anglais ne per-
mettra point que l'on aggrave les embarras de son fidèle allié
l'empereur d'Autriche : l'Italie devra se garder soigneusement
de tout acte qui pourrait établir une corrélation quelconque entre les nationalités hongroises et italiennes, et devra respecter
les difficultés qui enlacent son implacable ennemie.

Ainsi Venise restera courbée sous la domination étrangère,
au milieu des grandes cités, ses sœurs, appelées à la liberté ;
les plaines de la Lombardie se présenteront ouvertes et sans
défense aux dévastateurs allemands, toujours libres de préparer
leurs irruptions du sein des forteresses qu'ils auront conser-
vées.

Tel est l'arrêt de l'Angleterre, de celle des grandes puissances qui, suivant l'esprit de ses institutions, doit être la moins
antipathique à l'émancipation d'un peuple.

Cependant, quelle que soit l'importance des obstacles exté-
rieurs, sur lesquels nous reviendrons encore, il n'y aura un
véritable royaume d'Italie que le jour où Venise sera libérée de
ses garnisons allemandes ; le jour, enfin, où le drapeau italien
flottera sur Mantoue, Vérone et les autres forteresses retenues
par l'ennemi comme un gage de son retour en Lombardie.

N'est-ce point là une de ces vérités qui éclatent en dehors
de toute démonstration ?

Raisonnons un instant par analogie.

Que deviendrait la puissance défensive de la France si Lille
et toutes les forteresses de la Flandre, destinées à couvrir notre
frontière du nord, étaient aux mains d'une puissance alle-
mande ?

L'indépendance nationale se croirait-elle suffisamment garantie si Strasbourg, Metz et Thionville renfermaient des garnisons prussiennes?

Continuons, et retournons l'argumentation.

Que penserait-on à Berlin si la France possédait sur l'autre rive du Rhin cinq ou six départements hérissés de citadelles, du haut desquelles elle pourrait envahir à toute heure les États de la Confédération germanique?

Qui oserait dire que la liberté de l'Angleterre existerait encore si Glascow ou Édimbourg, Plymouth ou seulement Aberdeen étaient occupées par une puissance militaire capable de jeter trois cent mille hommes sur le territoire qu'elle convoite?

Si une pareille hypothèse pouvait être réalisée, quel est le Français, le Prussien, l'Anglais qui ne voudrait voir arracher son pays à cet horrible état d'abaissement, quand même l'affranchissement devrait être payé par des flots de sang versé sur des champs de bataille?

Où donc est écrite cette loi maudite qui crée au préjudice du peuple italien un funeste privilége et le condamne seul à vivre perpétuellement sous la menace des sabres étrangers?

Ah! nous comprendrions que les cabinets européens répondissent aux représentants des populations du nouveau royaume: Libre à vous d'aborder à Venise; libre à vous d'affronter les canons de Mantoue; sur le territoire italien, vous ne répondez de vos actes que vis-à-vis des citoyens qui vous ont confié le salut de leur indépendance.

Mais que des hommes politiques affichent des sympathies hypocrites pour une nation, alors qu'ils s'efforcent de la condamner à un ilotisme éternel, voilà, en vérité, une mystification qui dépasse les bornes accordées jusqu'à présent aux duplicités de la diplomatie.

Néanmoins, toutes les injonctions que peut notifier lord Palmerston pour garantir à l'Autriche le reste de ses possessions, ne sauraient défendre à la Vénétie d'être Italienne par sa position, par sa langue, par son cœur ; la possession du quadrilatère n'en est pas moins la seule garantie de l'indépendance contre la restauration des souverains dépossédés.

En dehors de ces conditions vitales, le royaume d'Italie n'aura qu'une existence éphémère, tourmentée et misérable ; il s'abîmera un peu plus tôt, un peu plus tard dans une épouvantable catastrophe, léguant aux patriotes abusés l'exil, les cachots et la mort.

III

Il est une autre annexion aussi indispensable que celle de la Vénétie.

Pour consolider la révolution italienne, il faut que Rome devienne la capitale du nouveau peuple : ce n'est pas une nécessité géographique, une simple question d'influence ou de population, c'est la conséquence forcée du rôle joué par cette cité depuis vingt-six siècles ; c'est enfin le vœu du peuple de la ville et de la campagne romaine ; c'est la volonté légalement et clairement manifestée par les citoyens de toute l'Italie ; cette raison devrait dispenser d'en chercher d'autres.

Mais, nous l'avons déjà dit, ces motifs émanent d'un droit nouveau, méconnu et dénié par les chancelleries, à moins qu'il ne prévale et ne s'impose par les armes.

Et cependant, comme la Vénétie, comme le quadrilatère,

Rome est un des membres épars du cadavre de l'Italie, et il doit être réuni au tronc mutilé pour que le sang circule dans les artères et pour que la résurrection soit complète.

Que deviendra l'unité si la cité éternelle demeure au pouvoir d'un prince doublement ennemi de la liberté?

Là s'organisera, sous l'abri du caractère sacré du chef de l'Église, un foyer permanent de complots contre-révolutionnaires, un asile inviolable pour tous les agents de la politique sacerdotale et despotique.

Le passé nous éclaire : depuis que la Papauté a élevé la prétention d'être un pouvoir temporel, elle n'a cessé d'être l'obstacle à la reconstitution de l'Italie ; quand ses armes spirituelles sont restées impuissantes devant des rivaux plus résolus ou moins catholiques que leurs devanciers, elle a fait appel aux bataillons étrangers, elle a livré le sol italien aux dévastations successives des Francs ou des Germains ; pour conserver, pour accroître ses domaines, elle s'est alliée, selon les époques, aux plus farouches oppresseurs de l'Italie.

Nous ne dressons point ici un acte d'accusation ; à quoi bon rééditer les pages sanglantes de l'histoire du moyen âge ; restons dans les faits contemporains : de nos jours, la politique du Saint-Siége a suffisamment montré qu'il est resté l'allié fidèle des ennemis de l'indépendance de l'Italie. S'il continue à régner en souverain dans Rome, le reste de la Péninsule sera déchiré par des discordes intestines ; les provinces seront épuisées par la guerre civile, et bientôt les bandes étrangères, rappelées par une voix amie, inonderont les campagnes de la Toscane et de la Lombardie.

Ceux qui réclament avec une insistance si vivace le maintien du pouvoir temporel savent bien que, tant que la contre-révolution aura ce pied-à-terre en Italie, il y a pour eux non pas seulement une espérance, mais une certitude de reconquérir tout le terrain perdu.

Ce sont d'ailleurs les mêmes hommes qui préconisent le système fédératif au détriment de l'unité ; ils n'*ignorent* pas que, les souverainetés restant morcelées, il serait facile à l'Autriche, appuyée sur ses baïonnettes, de faire prédominer son influence, et que d'ailleurs le Piémont étant la seule puissance constitutionnelle, il n'y aurait rien de changé dans l'organisation intérieure des États ; une majorité compacte des princes feudataires de l'Autriche imposerait dans le congrès de l'Union fédérale les principes absolus d'immobilité et de compression qui sont la tradition et la règle du cabinet de Vienne.

La confédération n'est qu'un état précaire, une solution provisoire, dont les peuples comprendraient bientôt l'insuffisance et la fragilité ; elle ne change rien dans la situation de servitude de l'Italie, puisque le grand oppresseur y conserve son influence prépondérante.

Comment donc se fait-il qu'un si grand nombre de partisans prétendus de la liberté italienne soutiennent, les uns le système de la fédération, les autres le respect des droits de l'Autriche, d'autres enfin la souveraineté temporelle du Pape ? Pourquoi parmi les hommes politiques ou officiels rencontre-t-on si peu de convertis à l'unité de l'Italie ?

C'est, nous l'avons déjà dit, parce que le nombre des amis réels et éclairés de l'Italie est plus restreint qu'on ne le suppose.

Peu de gens ont aujourd'hui l'audacieuse franchise d'afficher ouvertement leur haine ou leur mépris pour les idées progressives de la civilisation moderne ; il est de meilleur ton de dissimuler ses préférences sous des périphrases convenues, qui cependant ne trompent personne et qui expriment assez clairement la pensée pour qui sait pénétrer, par l'induction et le raisonnement, dans les replis du cœur humain.

Or, si nous admettons, et les faits ont rendu cette vérité aussi éclatante que le soleil, qu'en dehors de l'unité entière il n'y ait ni salut ni sécurité pour l'Italie, il faudrait en conclure que la cause italienne serait exposée aux plus grands périls puisqu'elle rencontre si peu de sympathies positives.

Nous admettons cette conséquence et n'entendons nullement nier un fait qui nous oppresse ; nous aimons mieux l'expliquer, en rechercher les causes et dérouler les nécessités pratiques qui en surgissent. Les peuples dignes de la liberté doivent savoir entendre la vérité ; c'est alors seulement qu'ils peuvent mesurer le dévouement qu'ils doivent déployer et l'étendue des sacrifices qu'ils se sont imposés.

IV

Nous avons déjà apprécié la valeur de l'appui que le ministère anglais prête à la révolution italienne ; mais le but de sa politique n'est pas seulement de sauvegarder les intérêts de l'Autriche, elle tend avant tout à maintenir la nécessité du protectorat britannique. Pour que ce résultat soit atteint, il faut que l'Italie émancipée reste au rang inférieur des nations, qu'elle ne puisse aspirer à conquérir en Europe la position que lui assignent sa population, son littoral et le degré de sa civilisation ; s'il en était autrement, si la Péninsule émancipée et régénérée par la liberté était appelée à balancer dans l'équilibre européen la puissance de ceux qui furent ses oppresseurs, lord Palmerston et ses collègues ne tarderaient pas à s'effrayer des perspectives plus ou moins rapprochées d'une alliance des races et des langues d'origine latine.

Qu'importent les sympathies et les acclamations qui ont accueilli la cause italienne dans les Trois-Royaumes ; les hommes d'État ne manqueraient point de prétextes plausibles pour refouler ces démonstrations amicales et réveiller les susceptibilités ombrageuses du peuple anglais.

Les peuples du continent européen ont, en général, les instincts plus libéraux que les gouvernements par lesquels ils sont représentés ; mais nulle part la discordance créée par l'exercice du pouvoir n'est plus frappante que dans les Trois-Royaumes : là, les individus peuvent ouvrir leurs âmes aux sentiments les plus nobles, aux droits méconnus, à tous les intérêts de l'humanité :

Les hommes d'État restent les gardiens inexorables de l'influence et de la fortune commerciale du pays.

Que l'Italie se rappelle la conduite suivie par l'Angleterre vis-à-vis de la révolution française : dans quelle contrée vit-on les événements de 89 accueillis avec un enthousiasme aussi fraternel ? Les adresses, les souscriptions, les clubs témoignaient d'une ardente sympathie pour la régénération d'un peuple voisin et semblaient mettre au néant les vieilles rivalités.

Cependant cet élan généreux ne tarda pas à changer de direction : bientôt toutes les classes de la société, ralliées aux rancunes de leurs hommes d'État, s'imposaient les charges les plus onéreuses pour courber la France sous le despotisme et réintégrer chez elle des princes détestés.

D'où provenait cette transformation? Comment des hommes qui la veille s'étaient endormis comme des frères se réveillaient-ils irréconciliables ennemis ? un ministre avait fait ce miracle : Pitt avait deviné le rôle que le peuple français régénéré pouvait jouer au milieu de l'Europe, et dès lors, mettant au service de la coalition ses soldats, ses vaisseaux, ses subsides, il avait dompté et entraîné l'opinion publique à sa suite ; l'Angleterre s'était faite l'âme de cette croisade de l'absolutisme à laquelle nos pères opposèrent leurs quatorze armées et l'in-domptable énergie de leurs gouvernants.

On nous objectera, nous le savons, que les hommes sont aujourd'hui plus difficiles à entraîner dans des voies contraires à l'indépendance des peuples.

On nous dira que le progrès social a enseigné à chacun le respect du droit et de la liberté d'autrui.

L'objection a son importance, et nous croyons nous-même que lord Palmerston n'aurait pas la puissance d'entraîner l'Angleterre à briser brutalement l'unité de l'Italie.

Nous croyons que pour un tel but un ministre n'obtiendrait du Parlement, ni une guinée, ni un vaisseau, ni un régiment. Nous faisons donc à l'esprit public une part assez large, puisque nous admettons qu'il serait impossible d'employer les forces de la Grande-Bretagne à des actes de compression active et directe.

Les sympathies du peuple anglais en faveur de la nationalité italienne se résumeront donc en une attitude expectante ; si elles imposent à son gouvernement une neutralité réelle et sincère, nous pensons que les patriotes italiens auront obtenu de ce côté-là plus qu'ils n'avaient à espérer.

Car nous trouvons dans tout le passé et dans tous les faits contemporains des indices suffisants pour nous faire prévoir que le gouvernement anglais multipliera les obstacles diplomatiques devant l'établissement d'une nationalité qui peut changer l'équilibre européen et les alliances naturelles des puissances. Le constant appui donné par la politique britannique à la Grèce et à la Belgique s'explique par des antécédents : ces nouveaux royaumes étaient des satellites que des liens multiples forçaient à marcher dans le cercle tracé par l'autorité protectrice de l'Angleterre.

L'Italie rencontrera le même appui aux mêmes conditions : qu'elle se fasse modeste, qu'elle abdique ses prétentions ambitieuses, qu'elle se contente de frontières ouvertes et d'un territoire incomplet, elle trouvera dans la cité de Londres, dans les corporations, dans le Parlement toute espèce d'encouragement et de secours : on lui refusera seulement ce qui, précisément, pourrait assurer la durée de son indépendance.

En effet, le jour où l'Autriche, dégagée de ses complications intérieures, voudrait lancer de son quadrilatère deux cent cinquante mille hommes, qui empêcherait ses Radetzki, ses Haynau, ses Benedeck de river de nouveaux fers aux membres arrachés de ce grand cadavre meurtri par tant de siècles de servitude ?

Les prétextes manqueraient-ils au cabinet de Vienne pour justifier aux yeux des ministres de la Grande-Bretagne une nouvelle restauration des droits de la force et de la conquête ?

Puis, quand les justiciers et les bourreaux auront fait leur œuvre, les protestations parlementaires, les rugissements des orateurs des meetings auront-ils la vertu d'empêcher que la liberté de l'Italie ne soit une fois de plus rejetée dans son cercueil ?

Restons donc dans le vrai, et perdons l'habitude de tromper, par de séduisantes espérances, les peuples que nous aimons.

Avouons enfin que pour devenir ce qu'il faut qu'elle soit, l'Italie ne doit en rien compter sur l'Angleterre.

Mais si elle n'a rien à attendre du plus vieux des gouvernements constitutionnels de l'Europe, où seront ses appuis et ses défenseurs ?

Trouvera-t-elle des alliés dans la Prusse et dans les autres États de la Confédération germanique ?

Ici les esprits optimistes ne peuvent garder la plus légère illusion, l'hostilité de l'Allemagne se traduit par des faits.

Prenons-en quelques-uns.

C'est sur les représentations de la Prusse, parlant sans doute au nom des principaux États de la Confédération, que l'empereur Napoléon III victorieux a arrêté sa course, a déchiré de ses propres mains le programme qu'il s'était tracé et a laissé subsister la prépondérance de l'Autriche en Italie ; or, pour que ce prince ait ainsi renoncé à des projets publiquement proclamés, il faut qu'il ait rencontré dans les gouvernements de l'Allemagne une ferme résolution d'appuyer les prétentions de l'Autriche sur l'Italie.

Du reste, ses paroles officielles ne laissent subsister aucun doute sur ce point.

Telle était donc l'attitude de la Prusse et de l'Allemagne dans les jours qui ont précédé la paix de Villafranca. Cependant alors, l'empereur Napoléon III, dans le programme tracé par sa proclamation du 3 mai 1859, n'affichait qu'une seule prétention : il voulait soustraire l'Italie à la domination étrangère ; il ne prétendait nullement refaire la carte de cette contrée.

Les faits postérieurs ont-ils dû atténuer les dispositions ennemies des États de la Confédération germanique ?

Poser la question, c'est la résoudre.

Aussi nul gouvernement allemand n'a reconnu le nouveau titre conféré au roi Victor-Emmanuel par le parlement italien ; pour tous ce prince est resté le roi de Piémont.

Mais en revanche, toutes les familles princières de la Confédération ont chaleureusement exprimé leurs sympathies pour le roi de Naples ; abandonné par ses sujets, par ses fonctionnaires, ce souverain est devenu l'idole de la contre-révolution, parce qu'il était la personnification vivante du règne absolu. Jamais peut-être le monde officiel de l'Allemagne n'a manifesté plus clairement sa haine pour l'indépendance italienne.

Au milieu de ce déchaînement des passions oppressives, il ne nous reste pas même la consolation de pouvoir supposer qu'au delà du Rhin les peuples sont en désaccord avec les aristocraties féodales et les dynasties.

Non, l'habitude de dominer dans l'Italie, de dompter des in—
surrections, de punir des patriotes révoltés, a fini par étouffer
à la longue les instincts généreux des populations germaniques,
par leur faire perdre le sens moral du droit éternel des hommes
à la liberté et des nations à l'indépendance ; elles en sont arri-
vées à croire que le temps a légitimé leurs attentats, et qu'une
prescription monstrueuse, édictée par la force, a voué à jamais
la race italienne au joug de fer de ses conquérants ; elles s'ima-
ginent que la liberté de l'Allemagne a pour base forcée la servitude de l'Italie ; elles ne se croient en sécurité que lorsque les
soldats allemands peuvent déboucher à toute heure, sans obstacle, dans les plaines de la Lombardie.

L'Italie est une colonie que l'Allemagne a pressurée et dévo-
rée ; celle-ci ne renoncera à cette riche pâture que lorsqu'on
aura dressé des barrières insurmontables à ses tentatives usur-
patrices.

C'est donc dans les circonstances présentes un ennemi certain et peut-être très-actif de l'unité italienne.

Cet ennemi entraînera dans sa voie la Russie, qui, par principe et dans un intérêt personnel, doit étouffer tout essai de
résurrection des nationalités.

Il est à supposer que l'empereur Alexandre ne prêtera point
ses soldats à la contre-révolution appelée par le roi de Naples,
les princes dépossédés et l'Autriche ; mais à chaque phase de
la lutte il laissera percer ses répugnances pour la cause de l'indépendance.

Cette cause ne trouve donc jusqu'à présent, parmi les grandes puissances, que des ennemis directs, certains, ou des neu-
tres douteux et malveillants.

Il reste la France, c'est-à-dire la nation et le gouvernement
qui ont soutenu les premiers pas de la révolution italienne.

V

Si les Italiens observaient attentivement les partis représentant les divers gouvernements qui se sont succédé en France, ils mesureraient plus exactement le concours qu'ils peuvent en attendre : car les factions politiques ont coutume de subordonner leurs sympathies à leurs principes et aux calculs de leurs intérêts.

Est-il besoin de démontrer que les partisans de l'antique dynastie, trois fois détrônée, sont les adversaires irréconciliables de toute révolution? Nul n'en doute, et ce fait n'aurait qu'une médiocre importance, si la faction légitimiste ne puisait une influence redoutable dans son alliance intime avec le parti catholique. Par elle-même, par son propre principe elle n'était rien dans le pays, qu'une imperceptible minorité, dépourvue, malgré ses richesses, de toute force dans le temps présent, et de toute chance de réussite dans l'avenir ; mais elle s'est identifiée avec le catholicisme ultramontain, et dans cette alliance elle a retrouvé de la vigueur et des ressources pour entraver la marche de la démocratie et reconquérir une place considérable dans la société française. Sous ce nouveau drapeau, sous le prétexte apparent de coaliser tous les éléments conservateurs, elle est parvenue à ramener sous sa direction une portion assez nombreuse de ses anciens adversaires.

Ceux qui jusqu'alors avaient repoussé le principe politique, se sont confondus dans les rangs abrités par la bannière religieuse.

Les amis de la monarchie parlementaire, poussés par le besoin de renaître à la vie active et de combattre à la fois leurs antagonistes du 24 février et du 2 décembre, ont senti spontanément revivre en leurs cœurs les ardeurs de la foi, et se sont croisés pour la défense du pouvoir temporel du Saint-Siége.

Cette coalition des débris de la légitimité et de l'orléanisme a dû, par tactique, paraître se rallier à la politique du gouvernement impérial jusqu'au traité de Villafranca. Agir autrement c'eût été se démasquer sans profit, c'eût été confesser trop ouvertement une opposition systématique et des tendances réactionnaires.

Mais aujourd'hui qu'il est démontré que sous peine de ne pas vivre, l'unité italienne doit absorber le patrimoine de saint Pierre, les vieux catholiques et les convertis de la veille nient à l'envi le droit du peuple de Rome et des Légations de vivre sous un gouvernement de leur choix, et jettent l'anathème à l'ambition du roi Victor-Emmanuel.

Si l'on en croit ces docteurs, tous les hommes qui ont vécu sous le gouvernement du Pape sont déchus à jamais des droits civils et politiques vers lesquels convergent plus ou moins rapidement toutes les nations : ils doivent payer de leur liberté l'indépendance spirituelle de la Papauté.

Victimes expiatoires, qu'ils se résignent, qu'ils renoncent pour eux et leurs descendants aux aspirations universelles de l'humanité.

Tel est l'arrêt prononcé par les mêmes hommes politiques qui ont prêché avec tant d'éclat, les uns, les libertés provinciales et l'affranchissement des communes ; les autres, le droit des majorités à voter l'impôt et même à créer des rois.

Cependant demandez à ces casuites endurcis où ils trouveraient un peuple disposé à une telle immolation de lui-même.

Serait-ce dans nos départements, que les organes ultramontains nous dépeignent si agités, si soucieux de la conservation du pouvoir temporel ?

Dans quel coin de la France trouveraient-ils trois millions d'habitants disposés à subir le régime qui pèse sur les États pontificaux ?

Quelle contrée déshéritée de liberté ou courbée sous l'étranger voudrait accepter l'ilotisme éternel réservé aux sujets du Saint-Siége ?

Où est le peuple qui consentirait à renoncer même à l'espérance ?

Et si chacun recule pour lui-même à la pensée d'un tel sacrifice, quel peuple aurait l'égoïsme de l'imposer aux citoyens de Rome ?

Mais l'étrangeté de la prétention n'empêchera point le part catholique de persévérer, de soulever contre l'unité italienne les esprits peu éclairés, les consciences timorées.

Or ce parti, formé des deux factions qui ont gouverné pendant trente années, domine encore toutes les classes de la société française, il règne par ses richesses territoriales, par le crédit qu'il peut retirer au commerce, par les grandes compagnies industrielles dont il s'est attribué la direction, par l'aumône même, dont il est le dispensateur : un long exercice du pouvoir a immobilisé les fonctions publiques entre ses créatures.

L'autorité sociale, en un mot, est devenue le patrimoine de ce parti.

Dès lors il est facile de prévoir de quelles difficultés sera entourée la marche d'un gouvernement qui voudra faire prévaloir une politique favorable à l'affermissement de la révolution italienne.

VI

La France a payé de son sang l'indépendance de l'Italie ;
mais, en bonne justice, la meilleure part de ce puissant concours doit être attribué aux sentiments personnels de l'empereur Napoléon III.

Le dédain ou la malveillance que les hommes politiques ont
si souvent affectés pour cette cause prouve clairement que sans
une volonté déterminante nos armées auraient assisté l'arme au
bras, comme toujours, aux mouvements militaires de l'Autriche et à la ruine des institutions libérales du Piémont.

Mais si l'indépendance de l'Italie rencontrait déjà si peu
d'empressement parmi nos pacifiques conservateurs, avec quel
effroi reculeront-ils lorsqu'il s'agira de l'établissement d'une
puissance unitaire, c'est-à-dire d'une grande révolution ?

Si donc l'Empereur s'était flatté d'entraîner, par un miracle
de la victoire, toutes les opinions, toutes les classes de la société sur le terrain nouveau d'une politique protectrice du
droit des nationalités, il aurait mal apprécié l'égoïsme des factions, qui n'ont accepté l'Empire que dans l'espoir de conserver
sous cette forme nouvelle la direction morale et matérielle du
pays.

Hé ! bon Dieu ! qu'ont-ils affaire de la liberté de l'Italie ?

En quoi l'émancipation de ce peuple servira-t-elle à l'ac-
croissement de leurs fortunes, au succès de leurs petites intri-
gues, à la restauration d'une dynastie ?

Et qu'on ne nous reproche point de nous livrer aux suppositions d'un pessimisme exagéré.

Les débats récents des grands corps de l'État sont inscrits au *Moniteur*.

Or, si l'on excepte dans le Sénat le prince Napoléon, dans le Corps législatif les cinq députés présumés radicaux, on ne rencontrera pas un orateur qui ne laisse percer des répulsions plus ou moins prononcées contre la révolution italienne ; les moins haineux se bornent à exprimer des regrets, les moins agressifs déplorent la voie qu'elle a prise et lui prédisent un avortement certain : on peut dire que le royaume d'Italie est sorti de ces discussions tronqué et mis en pièces.

Nous y cherchons vainement une pensée d'encouragement, une parole d'espérance pour le maintien de l'unité ; ce système est flétri par les uns, mal compris par les autres, jugé inadmissible et impraticable par tous.

Les votes confirment les inductions que nous tirons des paroles : les cinq députés qui ont nettement formulé la nécessité de restituer au peuple romain sa souveraineté, aux Italiens leur capitale, sont demeurés isolés, comme toujours, et se sont vus repoussés par toutes les nuances de la majorité, unies peut-être sur cette seule question.

A la suite, un vote de confiance a remis aux mains du gouvernement la direction exclusive de la politique de la France.

Mais après les déclarations de MM. Baroche et Billault, ce vote est-il autre chose que le maintien d'une situation qui mine les forces de l'Italie et la livre aux insurrections des partis contre-révolutionnaires ?

De ce que les adversaires les plus ardents de l'indépendance ne se déclarent point encore satisfaits, s'ensuit-il que l'Italie doive s'applaudir de la solution ?

L'impatience du parti catholique, qui appelle un triomphe immédiat et complet, suffit-elle pour donner au vote qui a ajourné ses espérances une signification décisive en faveur des légitimes prétentions de l'unité ?

Loin de là ; car les votes des assemblées ont pour commentaires les discours qui les ont précédés.

Or les orateurs ministériels n'ont pas été les moins sévères parmi ceux qui ont blâmé la politique du Piémont et les aspirations des patriotes italiens. Ils n'ont point caché qu'ils ne croyaient point à la possibilité de l'unification : ils se sont déclarés assez expressément pour la continuation du protectorat exercé par la France en faveur de la Papauté.

Après de telles déclarations, il n'y a pas d'équivoque possible dans l'interprétation d'un vote.

Les amis de l'Italie ont pu les accueillir comme une espérance ; ils se sont trompés, voilà tout ; mais leur erreur a été un peu volontaire, car les explications assez répétées de MM. Baroche et Billault sont claires et décisives.

Ainsi, que les Italiens se le tiennent pour dit : au nombre des ennemis que nous leur avons signalés, ils doivent ajouter les grands corps délibérants de l'Empire ;

Or l'un de ces corps émane de la nomination directe du chef de l'État, l'autre est composé pour la plus grande partie de membres présentés par les préfets et acceptés par le corps électoral : ils doivent donc exprimer à un degré à peu près égal la pensée politique du gouvernement. Si nous en doutions nous n'aurions qu'à examiner la corrélation qui existe entre les déclarations ministérielles et les votes des assemblées.

Faut-il donc aussi ranger le gouvernement parmi les ennemis de l'Italie.

Si ces mots veulent dire que le gouvernement français anéantira par ses armes le mouvement d'émancipation qu'il a provoqué, nous croirions lui faire injure d'en admettre un instant la supposition.

Mais si les inimitiés nationales peuvent se manifester autrement que par le conflit des armées, il serait sage aux Italiens de prévoir les éventualités d'un abandon, et de se prémunir comme s'il étaient déjà isolés et sans alliés ; car les espérances qu'ils fondent sur la bienveillance et les sentiments personnels de l'empereur Napoléon III tomberont un peu plus tôt ou un peu plus tard devant la pression du parti catholique appuyé par les anciennes factions et même par les serviteurs sincères et dévoués de l'Empire.

Lorsque nous contemplons les influences et les forces redoutables de tous ces ennemis de l'Italie, une chose nous étonne, c'est qu'ils n'aient pas déjà entraîné le gouvernement à une rupture ouverte.

On n'a donc point assez présenté aux méditations des Italiens les probabilités d'une neutralité malveillante de la part de la France.

Dans ce pays, la démocratie est seule à admettre les conditions entières de l'unité italienne ; mais elle n'a à sa disposition ni canons, ni dépêches diplomatiques ; bannie du monde officiel, elle ne peut offrir à la délivrance des peuples que des vœux sincères et l'exemple de ce qu'elle a fait aux temps héroïques de sa grande révolution.

VII

Le royaume d'Italie, tel qu'il est formé en ce moment, renferme une population à peu près égale à celle de la France en 1792.

La Révolution excitait alors des haines plus générales, plus implacables encore que celles qui s'agitent contre l'indépendance de l'Italie.

La constitution civile du clergé était une entreprise plus menaçante pour les droits de la Papauté que ne le serait la suppression intégrale du pouvoir temporel; car c'était un premier pas vers une réforme radicale de l'Église catholique.

Les ressentiments du clergé et de la noblesse faisaient présager dès lors des déchirements intérieurs et des guerres civiles plus étendues, plus terribles que ne seront les soulèvements partiels des provinces méridionales.

La Prusse, l'Autriche, l'Allemagne, l'Angleterre, l'Espagne, la Russie elle-même, étaient prêtes, attendant l'heure de frapper un coup décisif.

Des ennemis surgissaient de tous côtés, et la Révolution ne comptait pas un allié; à peine pouvait-elle espérer la neutralité de quelques États secondaires.

Les trahisons des ministres et l'émigration des officiers privi·

légiés avaient laissé une armée désorganisée, des arsenaux vides, des places fortes démantelées.

Enfin, le pouvoir exécutif chargé d'organiser la défense, le roi lui-même, malgré ses serments, n'avait cessé, comme tous les membres de sa famille, d'appeler et de préparer le triomphe des armées étrangères.

Cependant les patriotes ne reculèrent pas devant l'énormité du péril; les volontaires répondirent à l'appel de la patrie en danger, et, malgré la trahison de son premier général, quelques années plus tard la République française négociait des traités de paix avec la Prusse, l'Espagne, l'Autriche, l'Allemagne et même avec l'Angleterre.

Or l'Italie n'a point à combattre une coalition aussi formidable.

Elle ne rencontrera devant elle, selon les plus fâcheuses suppositions, que les forces militaires de l'Autriche, de la Prusse et de l'Allemagne.

Elle a une armée dont le drapeau s'est déjà déployé sur les champs de bataille.

Elle possède un matériel de guerre et peut le compléter dans les ateliers des nations voisines.

Enfin le roi qu'elle a choisi, les ministres qui la gouvernent, ne sont point les complices de la contre-révolution et des oppresseurs étrangers.

Que manque-t-il à l'Italie pour que ses destinées ne soient plus provisoires et incertaines, pour qu'elle commande le respect, même à ses ennemis?

Il lui manque peut-être la conviction de son isolement. Elle n'a point paru jusqu'ici croire assez qu'elle est l'unique arbitre de son avenir.

Si ses ministres et son parlement arrivent à se pénétrer intimement de cette vérité, ils créeront une force militaire capable de résister à toutes les tempêtes.

Cinq cent mille hommes armés, disciplinés, commandés par des chefs déjà aguerris, auront seuls le droit de compléter et d'affermir l'œuvre commencée par les soldats de la France.

Nous savons l'objection que soulève cette proposition.

Les financiers nous diront que les ressources sont épuisées, qu'un déficit écrasant défend toutes dépenses nouvelles.

Nous leur répondrons :

Vous n'êtes point des hommes d'État, si vous vous imaginez dresser en ce moment le budget normal d'une nation.

Que venez-vous parler d'équilibre et d'économies, lorsqu'il s'agit du salut de votre nationalité ?

Montrez au monde, qui les nie, l'énergie et la vitalité de votre race.

Ne marchandez point les sacrifices lorsqu'il s'agit de prouver à l'Europe que vous existez réellement, que c'est votre droit, et que vous êtes en mesure de le faire respecter.

La France a paru trop longtemps vous couvrir de son épée.

L'apparence seule d'un protectorat place une grande nation dans une situation d'abaissement.

Méfiez-vous des hommes politiques qui mettent leur confiance dans l'appui des nations étrangères.

Les peuples dont l'existence est incontestée ont seuls des alliés, les autres n'ont que des protecteurs onéreux.

Le peuple italien serait le fils privilégié de la liberté s'il ne devait acheter son indépendance au prix d'immenses sacrifices.

Qu'il se rappelle ce qu'a coûté le triomphe de la Révolution française, et il reconnaîtra que sa part de misères et d'abnégation est encore bien faible en regard des efforts et de l'héroïsme de la génération de 89.

L'heure est venue pour les représentants du peuple italien de prouver qu'ils sont capables de le conduire à ses destinées.

L'heure est venue pour le peuple italien de prouver qu'il est digne de former une nation.

Nos paroles sont rudes et sévères, mais les populations des vieilles cités romaines n'entendront jamais une voix plus amie. leur crier : *Caveant consules.*

FIN.

Paris.—Imprimerie de L. TINTERLIN et Cᵉ, rue Nve-des-Bons-Enfants, 3.

www.ingramcontent.com/pod-product-compliance
Lightning Source LLC
LaVergne TN
LVHW012307050726
842524LV00004B/1258